改正
建築士法
Q&A
ポイントと対応

建築士法研究会 編

三和書籍

はじめに

ひとりの建築士が前代未聞の偽装事件を起こしてしまいました。構造の専門家でしたが、既に資格を剥奪されているので、“専門家であった”と過去形でいわなければなりません。せっかく苦労して資格を取得し、技術者として活躍していたのですが、法を犯したため、過去の経験や努力が水の泡となり、遂に犯罪者となってしまいました。目先の欲に駆られ、自分がどんな立場なのかが見えなくなってしまった結果でした。

いったいなぜこのようなことになったのでしょうか。やっていいこと、悪いことの判断力の欠落が致命傷となったのでしょう。

設計の仕事の重要性と怖さの認識不足がそうさせたともいえます。設計者、特に構造など人々の安全に最大の配慮をしなければならない立場の者が、その感覚を失って事を進めてきたのは、どこに欠陥があったのでしょうか。一人の設計者が、業界全体をあるいは消費者を欺いたのはどうしてなのか、ここでよく検証する必要があります。これは一人の技術者が、設計システム（ソフト）を使い、最後に手を加えて結論づけることができたのが問題なのです。それは実はごまかしだったのです。それを見抜けなかった審査機関も責任重大ですが、そんな状況の下で行うことができる仕掛けそのものにも原因があったのでしょう。技術的なシステムに問題があったことは指摘されているところですが、法的な抑え方に不備があったことも考えられます。法改正を余儀なくした大きな原因がそこにあります。しかし、法はあくまでも世の中の基本原則であって、決して万全ではないと考えておくことが必要です。判断の最終的な責任は、仕事に取り組む技術者の倫理観に委ねなければなりません。古代のハムラビ法典には“建物が崩壊して家長を死なせたときは、建築家は死刑に処せられる。そして、壊れる建物を設計したときは、自己の負担で復旧せよ”とあるそうですが、現代の設計者にもこの覚悟をもって仕事に取り組んでもらいたいものです。このたびの事件がきっかけで法改正を急遽行うことになったのは、考えてみれば残念でもあり、気がかりです。事件が起きなければ何も始まらないといった、この国の行動は不可解といわざるを得ません。事前に予想して、あらゆる可能性を想定した法の整備を日頃から行っていくことが肝要です。

ところで、建築士自身はどれだけ建築士法を解読してきたのでしょうか。この際、建築士は、十分それを理解し、初心に帰ったつもりで世の中の信頼回復を図ることです。設計上の技術的基準となる建築基準法については、建築士にとって常に座右に置いて仕事をしているわけですから、法典は常に脇にあるわけです。これからは、士法を真剣に読みながら、バイブルのように扱うことがあっていいと思います。資格を取得した後に真面目に士法に目を通すことは、今までなかったと思われても仕方ありません。まずは、事のはじめに建築士の立場を証明する“建築士法”に目を向け、精神的な糧にして欲しいものです。仕事は建築士法からはじめるくらいの覚悟をもって取り組む姿勢が大事です。倫理云々の前に現在整備されているこの法律（精神）を守ることからはじめてください。建築士のため、国民のための法律を順守することは、人々が安心して生活できる基本的なことです。それを築くための情報源として、本書が一翼を担うことを願っています。

第2章 建築士法等改正までの経緯

第3章 施行に向けての動き

第 4 章　改正建築士法の施行に向けての課題
―― 08 年 12 月までに施行――

第1章 建築士法等改正の概要 Q&A

1-1　建築士法の一部改正の概要

構造設計偽装事件の再発防止のために、建築物の安全性を最重要視した建築士制度の改正が強く求められ、2006年12月に、その法律が制定されました。

この法律案は、2006年10月24日に閣議決定された後、その臨時国会に上程し、12月13日に可決されました。これによって建築士制度に対する国民の信頼を回復することが期待されます。施行は原則2年以内で政令に定める日からです。ただし、都道府県単位の事務所協会と日本建築士事務所協会連合会の法定化関連事項は、2年6カ月以内で政令で定める日からです。また、登録講習機関の申請等の一部の事務所については、1年6カ月以内で政令で定める日からとなっています。

この法案は、事件発生直後の2005年12月に国土交通大臣の諮問機関として設置された社会資本整備審議会建築分科会の基本制度部会で審議されました。事件の再発防止と信頼性回復に向けた制度のあり方について有識者による検討が進み、2006年8月31日に国土交通大臣に最終答申され、これを受けて、建築士法を中心に、関連の建築基準法、建設業法を含めた改正法案としてまとめられました。

改正は第一弾として、2006年6月に建築基準法が改正されました。再発防止のためチェックをさらに厳しくしようというものです。第三者による審査（ピアチェック）の必要な対象建築物を決めました。

そして同年12月に成立した改正建築士法では、建築士の資質・能力の向上、高度な専門能力を有する建築士の育成活用、設計・工事監理業務の適正化、建設工事の施工の適正化を図り「耐震偽装事件により失われた建築士制度に対する国民の信頼を回復」することを大きな目標として、つぎの５点に重点が置かれました。

①建築士の資質、能力の向上。

②高度な専門能力を有する建築士による構造設計お

よび設備設計の適正化。

③設計・工事監理業務の適正化、消費者への情報開示。

④団体による自律的な監督体制の確立。

⑤建築工事の施工の適正化（建設業法の改正）。

大きく、この５本柱で構成し、時代遅れの建築士法がかなりの部分で改正されました。

1-2　建築士の免許を取得できない人とは？

下記の事項に該当する者は、建築士の免許を取得できません。建築士法第七条に示すとおりです。

イ．禁錮以上の刑が確定した場合、以下の者。

①その刑の執行が終わった日から５年を経過しない者。

②その刑の執行を受けることがなくなった日から５年を経過しない者。

ロ．建築士法の規定に違反して、または、建築設計・監理に関して罪を犯した場合、罰金刑が確定した者については、

①その刑を終わった日から５年を経過しない者。

②その刑の執行を受けることがなくなった日から５年を経過しない者。

ハ．下記の規定によって免許を取り消された日から起算して５年を経過しない者。

①虚偽または不正の事実に基づいて免許を受けた者であることが判明したとき。（第九条第一項第四号）

②業務停止、免許取消しの処分を受けたとき。（第十条第一項）

ニ．第十条第一項の規定によって業務停止処分を受けた者。そして、その停止の期間中に第九条第一項第一号の規定によって免許を取り消された者で、その期間が経過しない者。

以上ですが、今回の改正法では、不適格者の排除を徹底的に行うために、欠格事由を強化し、過去において建築士免許を取り消され、その日から５年を経過しない者については、免許を与えないことにしています。５年を経過した者については、免許を与えるかどうかについては、免許権者の判断によって決まります。

1-3　建築士法改正 Q&A

Ⅰ　主な要点を解説 !!

ここでは、一級建築士を中心にした士法改正に関して解説します。

Question Ⅰ

構造と設備に高度な能力をもつ、一級建築士が創設されましたが、改正後の建築士の種類とそれぞれの関係は？

Answer Ⅰ

建築士の中でも高度な専門能力を有する資格者が、指導的な立場で責任をもって適正な設計を行うことになります。今回の改正では、次ページに示したとおり、新しく制度化されました。その専門資格者は、一級建築士であることが前提になります。確認申請の段階で、規模・内容が一定規模以上のものについては、「構造設計一級建築士」あるいは「設備設計一級建築士」による法適合チェックが義務づけられますので、その証明がないと確認申請書が受理されません。

例えば、構造一級建築士の場合は、高さ 20m 以上の RC 建築物が対象になり、設備一級建築士の場合は、3 階建て以上、床面積 5,000 ㎡以上の建築物が対象になります。

また、確認申請の代理人としての「管理建築士」の要件が強化されます。管理建築士になるには、設計などの業務を 3 年以上経験して、その上、管理建築士講習を終了しなければなりません。なお、詳しくは、今後、省令で定められます。

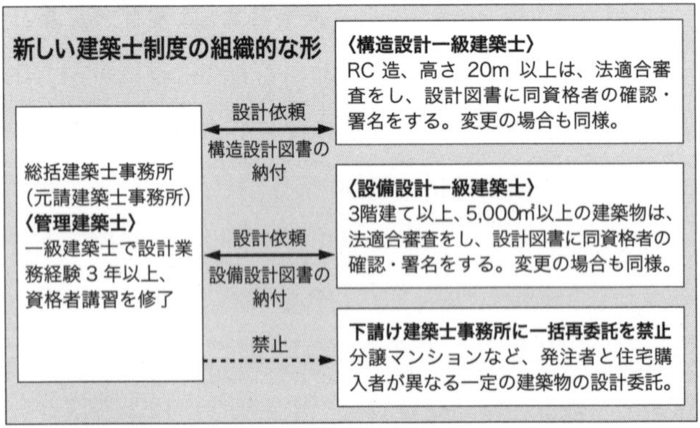
新しい建築士制度の組織的な形
総括建築士事務所
(元請建築士事務所)
〈管理建築士〉
一級建築士で設計業務経験 3 年以上、資格者講習を修了
設計依頼
構造設計図書の納付
設計依頼
設備設計図書の納付
禁止
〈構造設計一級建築士〉
RC 造、高さ 20m 以上は、法適合審査をし、設計図書に同資格者の確認・署名をする。変更の場合も同様。
〈設備設計一級建築士〉
3階建て以上、5,000㎡以上の建築物は、法適合審査をし、設計図書に同資格者の確認・署名をする。変更の場合も同様。
下請け建築士事務所に一括再委託を禁止
分譲マンションなど、発注者と住宅購入者が異なる一定の建築物の設計委託。

Question 2

設計・工事監理業務の適正化と消費者への情報開示はどのようになりますか。

Answer 2

情報開示は次の４つを考えています。

①建築士事務所を管理する管理建築士の実務経験等の要件を強化します。②設計・工事監理契約締結前に、管理建築士等による重要事項説明および書面交付の義務づけが不可欠になります。主な内容は、設計・工事監理の方法、報酬額、設計または工事監理を担当する建築士の氏名等です。③分譲マンションなど発注者とエンドユーザーが異なる一定の建築設計等については、一括再委託を全面的に禁止しています。④建築士名簿の閲覧、写真入り携帯用免許証の交付がなされます。建築士、建築士事務所の登録・閲覧事務の実施に当たっては、指定登録法人制度を創設して行われます。

II　発注者（消費者）が建築士名簿を閲覧できる !!

Question 3

建築士名簿を閲覧できるようになったそうですね。

Answer 3

個人情報保護法などの関連もあり閲覧に関し検討されましたが、建築士の確かな存在を明確化することが重要ということで、一般の閲覧ができるようになりました。信頼できる建築士かどうか依頼者が閲覧できます。要望に応じていつでもどこからでも紹介が可能となります。建築士側も依頼主を選ぶ場合があります。相互の信頼のもとで建築士が選ばれることが好ましいといえるでしょう。発注者、消費者は建築の計画時にぜひ関心を持ってもらいたいところです。

Question 4

建築士名簿の閲覧方法を教えてください。

Answer 4

建築士および建築士事務所の登録・閲覧事務の実施にあたり指定登録法人制度を創設することになりましたので、その機関を通じて必要な情報が閲覧できます。またホームページで検索も可能です。一級建築士名簿は国土交通省に、二級建築士名簿は都道府県に備えられますが、関連団体でも閲覧できるよう準備が進んでいます。

改正要綱 建築士名簿の閲覧	国土交通大臣は一級建築士名簿を、都道府県知事は二級建築士名簿及び木造建築士名簿を、それぞれ一般の閲覧に供しなければならないものとすること。（第六条関係＝名簿：一級建築士名簿は国土交通省に、二級建築士名簿及び木造建築士名簿は都道府県に、これを備える、と記述されている）

a
建築士であることの確認・証明

（参考・社会資本整備審議会基本制度部会答申）

委託などにより、設計等の業務が重層化しているなかで、今回の構造計算書偽装問題等では、消費者はもちろん、元請け建築士事務所も、業務を再委託している建築士の情報を正確に把握していない場合があることが明らかとなった。

設計等を業として行う場合には建築士事務所の登録が必要であり、その旨の標識を掲示することとされているが、実際の業務を行っている者が建築士なのか、それとも補助者なのかは、建築主はもちろん一般の建築士にも分かりにくいといった実態がある。

こうした実態を改善し、建築士の責任を明確化し、業務の適正化を図るため、現在の建築士免許証を顔写真入りの携帯可能なものに変更し、業務実施時に提示義務を課し、建築主等が建築士の本人確認ができるようにすべきである。

Ⅲ　建築士のなかの新資格制度；管理建築士、構造設計 / 設備設計の各一級建築士が誕生 !!

Question 5

新しく制定された建築士の資格は？ また、なぜそのような制度が必要になったのでしょうか。

Answer 5

改正後の建築士の種類はQ1で記述したとおり、今までの資格に加えて「構造設計一級建築士」および「設備設計一級建築士」が制定されました。この資格者は、一定期間（3年から5年の間で省令で定める期間）ごとに、国土交通大臣の登録を受けた機関が行う講習を受けなければなりません（法第二十二条の二）。今後それが義務化されます。このような資格制度ができたのは、それぞれの責任体制を明確にして不正な業務行為ができないようにするためです。

改正要綱	
構造設計一級建築士証及び設備設計一級建築士証の交付等	1　次のいずれかに該当する一級建築士は、国土交通大臣に対し、構造設計一級建築士証の交付を申請することができるものとすること。 イ　一級建築士として５年以上構造設計の業務に従事した後、国土交通大臣の登録を受けた者（下記２のイ及び下記四の２において「登録講習機関」という。）が行う講習の課程をその申請前１年以内に修了した一級建築士 ロ　国土交通大臣が、構造設計に関しイに掲げる一級建築士と同等以上の知識及び技能を有すると認める一級建築士 2　次のいずれかに該当する一級建築士は、国土交通大臣に対し、設備設計一級建築士証の交付を申請することができるものとすること。 イ　一級建築士として５年以上設備設計の業務に従事した後、登録講習機関が行う講習の課程をその申請前１年以内に修了した一級建築士 ロ　国土交通大臣が、設備設計に関しイに掲げる一級建築士と同等以上の知識及び技能を有すると認める一級建築士 3　国土交通大臣は、１又は２による構造設計一級建築士証又は設備設計一級建築士証の交付の申請があったときは、遅滞なく、その交付をしなければならないものとすること。（第十条の二関係＝都道府県知事の経由の必要性／免許取得・取消しに関する届出について記述）

a
高度な専門能力を有する建築士による構造設計及び設備設計の適正化

今日の建築設計においては、専門性が高い構造及び設備の分野に関しては、高度な専門能力を有する者の活用が不可欠となっているとともに、必要十分な能力をもつ建築士が、それぞれの分野の業務の整合性をとりつつ、設計図書として一つにまとめ上げることが必要となっている。

したがって、構造及び設備の分野については、高度な専門能力を有する建築士が関与して適切に設計が行われる仕組みを制度化すべきである。

b
高度な専門能力を有する建築士による構造設計及び設備設計の適正化

建築設計が高度化・専門分化している実態を踏まえ、構造設計及び設備設計の適正化を図るため、次の措置を講ずべきである。

※一定規模以上の建築物等については、構造設計又は設備設計について高度な知識及び技能を有する一級建築士（特定構造建築士（仮称）、特定設備建築士（仮称））による構造又は設備に関する設計図書の作成又は法適合性証明を義務付けること。

※上記措置が確実に実施されるよう、建築確認申請時に、特定構造建築士又は特定設備建築士が自ら設計図書を作成した場合にはそれぞれ特定構造建築士又は特定設備建築士である旨を証する書類を、それ以外の場合には法適合性を証明した図書を確認申請書に添付しなければならないこととすること。

※特定構造建築士又は特定設備建築士は、それぞれ構造設計図書又は設備設計図書の作成に関し一定以上の実務経験を有し、かつ、所定の講習を修了した者又はこれと同等と認められる者とすること。建築基準法別表第二参照。

（参考・社会資本整備審議会基本制度部会答申）

Question 6

一級建築士が専門資格（構造設計一級建築士、設備設計一級建築士）を取得するためには、どのような手続きが必要ですか。

Answer 6

一級建築士として５年以上構造設計または設備設計の業務に従事した後、国土交通大臣の登録を受けた「登録講習機関」が行う講習課程を証書交付申請前１年以内に修了する必要があります。修了後は、所定の手続きに則って資格を取得し登録します。

Question 7

建築士事務所に所属している建築士、あるいは一般のフリーの建築士は、今後どのような手続きが必要になりますか。

Answer 7

建築士事務所に所属する建築士、または一般のフリーで活動している建築士は、今後定期的に講習を受けることが必要になります。講習内容は、一級建築士の場合、「法令関連科目」とか「設計、工事監理に関する科目」などが中心となります。

Question 8

専門資格取得者の義務、責任はどのようになりますか。

Answer 8

「構造設計一級建築士」と「設備設計一級建築士」は、それぞれ専門分野の設計及び監理に係る技術的な責任を果たさなければなりません。従来は、確認申請手続き上、特に構造設計者あるいは設備設計者が、責任者として署名することはありませんでしたが、今後は、管理建築士とは別に各専門資格者の証明が必要になります。それがないと確認申請が受理されませんので注意してください。

Ⅳ　建築士の登録機関が新たに設けられる !!

Question 9

建築士の登録については、どのようになるのでしょうか。

Answer 9

中央指定登録機関および都道府県指定登録機関という指定登録機関を設置して建築士等の資格者の登録を実施します。各機関では、事務作業、名簿の閲覧提供準備、資格証交付などを行います。

Question 10

資格を登録する機関について知りたいのですが、どんなところがありますか。

Answer 10

登録機関とは、建築士が資格を登録するための手続き先のことを指します。今後指定機関が創設されますので、そこに登録してください。一級建築士の場合は、国土交通大臣が指定する「中央指定登録機関」が行います。管理建築士や構造設計又は設備設計一級建築士の場合も同様です。また、二級建築士、木造建築士の場合は、都道府県知事が指定する「都道府県指定登録機関」がその事務手続きを行うことになります。登録機関を具体的に指定できる時期は、まだはっきりしていませんが、各資格者は、まず講習を受けなければなりませんので、登録講習機関の登録がはじまるのが2008年６月ですから、その時期を目安にしてください。

改正要綱 中央指定登録機関及び都道府県指定登録機関による建築士の登録等の実施	1　国土交通大臣は、その指定する者（以下「中央指定登録機関」という。）に、一級建築士の登録の実施に関する事務、一級建築士名簿を一般の閲覧に供する事務並びに構造設計一級建築士証及び設備設計一級建築士証の交付の実施に関する事務を行わせることができるものとすること。 2　中央指定登録機関の指定の基準、登録等事務規程、指定の取消し等に関し所要の規定を設けるものとすること。 3　都道府県知事は、その指定する者（以下「都道府県指定登録機関」という。）に、二級建築士及び木造建築士の登録の実施に関する事務並びに二級建築士名簿及び木造建築士名簿を一般の閲覧に供する事務を行わせることができるものとすること。 4　中央指定登録機関の指定の基準、登録等事務規程、指定の取消し等に関する所要の規定は、都道府県指定登録機関について準用するものとすること。（第十条の四から第十条の二十一まで関係）

a

建築士法は資格法としてだけではなく、業として設計等を行おうとするときは、建築士事務所の開設、その技術的な管理を行う建築士の専任義務が課されている等、設計・工事監理等の業務を行う際の業法としての側面も有しており、これまでにも、事務所の「届出」制から「登録」制への変更、事務所における業務実績等に関する書類の閲覧制度の導入など、建築士事務所における業務の適正化を図ることを目的とする内容の改正が行われてきた。

b

建築士及び建築士事務所の登録状況

一級建築士及び二級建築士については、昭和26年から登録が開始されており、平成17年度末時点での登録数は、一級建築士が322,248名、二級建築士が692,968名、木造建築士が14,950名となっている。このうち、一級建築士の年齢階層別登録数をみると、20歳代は約3,000人、30歳代は約47,000人、40歳代は約66,000人、50歳代は約101,000人、60歳以上が約106,000人であり、その平均年齢は56.2歳となっている。

また、平成17年度末時点の建築士事務所の登録数は、一級建築士事務所が92,028事務所(うち個人事務所37,180、法人事務所54,848)、二級建築士事務所が40,419事務所、木造建築士事務所が828事務所、総数133,275事務所となっている。このうち、二級建築士事務所は昭和60年の56,699事務所、木造建築士事務所は昭和63年の1,779事務所、総数は平成12年の135,972事務所をピークとして、その後はそれぞれ減少傾向が続いている。

(参考・社会資本整備審議会基本制度部会)

V　資格者には 定期講習が義務付けられる!!

Question II

建築士は定期的に講習を受けることが義務付けられるようですが、その内容はどのようになりますか。

Answer II

一定期間ごとに講習を受ける義務があります。定期講習を実施するにあたっては、登録講習機関（建築関連団体、専門学校、建築士予備校など）が新規に指定されますが、講習頻度については、まだ定かでありません。現在考えられている案としては、3年ごとに行うようになりそうです。法案では、3年以上5年以内で、省令で定める期間となっています。また、年間の講習回数とか講習時間、そして教材内容についても今後省令で定めることになります。受講対象者が三十数万人といわれていますから、数年かかって受講が完了し、最終的な体制が整えられるようになるまでは、しばらく年数がかかるものと思われます。対象者は受講時期のタイミングをはずさないよう、予定をたてておく必要があるでしょう。

登録講習機関に当たる建築関連団体においては、建築士事務所協会等の法定化や各協会による苦情解決業務の実施等を行う予定です。そして、建築士会および建築士事務所協会等を登録講習機関として定め、建築士等に対する研修の実施が行われます。ここで定期講習が済みますと、講習内容の理解度を確認するための修了考査が行われます。もし合格しなかった場合は、再度講習を受けてもらうことになります。対象者は、受講の義務がありますので、受講しなかった場合には、違反者として戒告を受けます。それに従わないときは、業務停止とか免許取消しの処分を科すことになりますので注意してください。建築士免許証には、講習修了の証として受講暦を記すことになるようです。なお、今後の大まかなスケジュールについて、次に記しますので参考にしてください。

（参考・社会資本整備審議会基本制度部会）	① 2007 年 6 月に指定構造計算適合性判定機関（都道府県にある建築住宅センター、日本建築センター、日本建築総合試験所等が支援）制度が始まる予定。② 2008 年 6 月までに登録講習機関の登録が始まる予定。③ 2008 年秋から冬にかけて、定期講習制度及び専門資格者制度が始まる予定。④ 2009 年春頃には、法適合検査の義務化が始まる予定。

Question 12

管理建築士の定期講習と注意事項は？

Answer 12

法案では、3～5年の省令で定める期間に実施する模様。講習後修了考査を行って合格するまで講習を受けてもらうことになります。また、管理建築士は、無責任な押印をしないように職責を果たさなければなりません。国土交通省では、法施行までに建築士のデータベースを整備するとのことです。

Question 13

「構造設計一級建築士」および「設備設計一級建築士」の定期講習はどのようになりますか。

Answer 13

一定の期間ごとに、国土交通大臣の登録を受けた者（登録講習機関）が行う講習を受ける必要があります。一定の期間というのは、３年以上５年以内ということですが、３年ごとの可能性が高いようです。

Question 14

一般の建築士の場合の定期講習は？

Answer 14

例えば、建築士事務所に所属して業務に携わる建築士については、一定期間ごとに講習を受講するよう義務付けられます。具合的な受講頻度としては、だいたい3年ごとが想定されています。講習および受講効果を確認するための修了考査の実施によって、資格取得後の現状に活かされた建築技術への研鑽や建築基準法令等の改正に対応できるなど、必要な能力の維持向上を図るためです。

Question 15

二級建築士および木造建築士の場合の定期講習は？

Answer 15

都道府県知事が実施することになりますが、実際は登録講習機関が執り行います。講習の方法は、一級建築士の制度に準ずるものと考えられます。

改正要綱 **建築士事務所に属する建築士等に対する講習の受講の義務付け**	1　建築士（建築士事務所に属するものに限る。）、構造設計一級建築士及び設備設計一級建築士は、一定の期間ごとに、国土交通大臣の登録を受けた者が行う講習を受けなければならないものとすること。 2　1の登録は、講習の区分ごとに、講習事務を行おうとする者の申請により行うものとすること。 3　四の二（内容確認）の登録講習機関の欠格条項、登録基準、講習事務規程、登録の取消し等に関する所要の規定は、1の登録を受けた者について準用するものとすること。 （第二十二条の二及び第二十二条の三関係）

a

事務所の開設者に対し、所属建築士への講習受講機会の付与を義務付けること。

b
既存建築士の資質、能力の向上

現在、建築士となっている者については、建築士法第二十二 条第一項で「設計及び工事監理に必要な知識及び技能の維持向上に努めなければならない」とされているものの、昨今発生している事案を踏まえると当該努力義務規定では不十分であり、国民の生命、財産を守るために、必要な能力が維持向上されるよう具体的な措置が講じられる必要がある。

このため、建築士事務所に所属し、業に携わる建築士については、一定期間ごとの講習の受講を義務付けることとし、講習及び受講効果を確認するための修了考査の実施により、資格取得後の新たな建築技術への対応や建築基準法令等の改正への対応等必要な能力の維持向上が図られるよう措置すべきである。

（参考・社会資本整備審議会基本制度部会答申）

Ⅵ　資格維持のための講習登録は新しく創設する登録機関が行う !!

Question 16

講習の登録はどこが行うのですか。

Answer 16

制定された資格者に対する講習は、新しく創設される各登録講習機関が行います。一級建築士の場合は、国土交通大臣が指定する「中央指定登録機関」、二級建築士および木造建築士の場合は、都道府県知事が指定する「都道府県指定登録機関」がその事務手続きを行うことになります。具体的な登録機関については、行政と関連団体で協議しているところです。

改正要綱

構造設計一級建築士講習または設備設計一級建築士講習の講習機関の登録等

1　二の一のイ「一級建築士として5年以上構造設計の業務に従事した後、国土交通大臣の登録を受けた者（二の二のイ「一級建築士として5年以上設備設計の業務に従事した後、登録講習機関が行う講習の課程をその申請前1年以内に修了した一級建築士」及び四の二「登録講習機関の欠格条項、登録基準、講習事務規程、登録の取消し等に関し所要の規定を設けるものとすること。」において「登録講習機関」という。）が行う講習の課程をその申請前1年以内に修了した一級建築士」の登録は、講習の区分ごとに、講習事務を行おうとする者の申請により行うものとすること。

2　登録講習機関の欠格条項、登録基準、講習事務規程、登録の取消し等に関し所要の規定を設けるものとすること。（第十条の二十二から第十条の三十八まで関係）

a

建築士や建築士事務所の登録事務や登録簿の閲覧事務については、指定登録法人制度を設け、団体を活用することで行政事務の効率化を図る。

（参考・社会資本整備審議会基本制度部会答申）

Ⅶ　建築士の受験資格が変わる!!

Question 17

各種建築士の受験資格はどのように変わりますか。

Answer 17

受験資格については、従来の制度と比べてみると、建築士の資質や能力の確保を図るために、次のような指定科目の取得が要求されます。学歴については、受験する者が、所定の「学科」を卒業したかではなく、建築士になるための知識等を修得するのに必要な「科目」を履修したかについて判断します。また、実務経験については、設計図書の作成とかチェックに関与していること、工事監理の業務に関与していることなどが要件となります。具体的には、省令で定めます。これらの証明は、建築士事務所の管理建築士等に委ねられます。

これらの見直しの一環として、専門能力を有する技術者の受験資格についても適切に見直しを行います。さらに、構造および設備等の専門分野の設計の重要性が増していることなど、技術の高度化や専門分化に建築設計が対応するため、試験内容についても見直す必要があるとのことです。

Question 18

一級建築士の場合の受験に必要な条件は？

Answer 18

受験資格は、建築または土木に関する正規の課程を卒業していることが求められています。大学を卒業した場合、一定期間以上（2年以上）の実務経験を有していることが前提になります。大学院における研究期間等で設計業務や工事監理業務に経験がない場合でも、受験資格が認められます。その点、今までと基本的な考え方は変わりません。「社会資本整備審議会建築部会基本制度部会の答申」にもあるように、学歴については、学科方式から科目方式に変えようとしています。指定科目は、建築構造、建築設備、建築計画、建築施工、建築法規の5分野からなり、受験者には、均衡のとれた試験結果を出すよう求めています。（建築士法第十四条）

Question 19

二級建築士および木造建築士の場合の受験に必要な条件は？

Answer 19

受験資格が見直されます。現在は、大学もしくは高等専門学校において所定の課程を修めて卒業した後、建築に関して3年以上の実務経験を有することが必要です。建築ばかりでなく、土木の教育課程を修めた者も同様な扱いになります。（建築士法第十五条）

改正要綱 **一級建築士試験、二級建築士試験及び木造建築士試験の受験資格の見直し**	一級建築士試験の受験資格者を大学等において建築に関する一定の科目を修めて卒業した者であって、その卒業後建築に関する一定の実務の経験を二年以上有する者とする等、一級建築士試験、二級建築士試験及び木造建築士試験の受験資格について所要の見直しを行うものとすること。（第十四条及び第十五条関係）

a 新たに建築士になる者の資質、能力の確保

近年、構造計算や構造設計、設備設計の業務内容が高度化してきており、一級建築士については、こうした専門別の業務を理解して、指示し、チェックできるだけの能力が必要となってきている。また、構造及び設備の専門能力を有する一級建築士を育成し、そうした人材を確保することも必要となってきている。したがって、これからの一級建築士の資格付与は、こうした能力を獲得できる実務経験とその能力を確認するための試験によって厳格に判定することとすべきである。

現在、建築士試験の受験資格は、建築または土木に関する正規の課程を卒業していること及び建築に関する一定期間以上の実務経験を有していることを基本的な要件としている。実務経験については幅広に認められており、大学院における研究期間等設計業務や工事監理業務の経験がない場合であっても受験資格が認められ、試験に合格すれば建築士として、設計業務等を行うことが可能となっている。

建築士の信頼を損なう事案の発生を踏まえ、建築士に本来期待されている設計及び工事監理に必要な能力を的確に検証した上で資格が付与されるよう、次のような措置を講ずべきである。

※受験資格である学歴要件については、受験希望者が、所定の学科を卒業しているかどうかではなく、建築士となるのに必要な知識等を修得可能な科目を履修しているか否かにより、判断すること。

※受験資格である実務経験については、原則として建築士の独占業務である設計及び工事監理の業務に関するものとし、建築士事務所の管理建築士等に証明させることとすること。

※これらの見直しの一環として、専門能力を有する技術者の受験資格についても適切に見直

（参考・社会資本整備審議会基本制度部会答申）	しを行うこと。 ※さらに、構造及び設備等の専門分野の設計の重要性が増すなど高度化・専門分化する建築設計に対応するため、試験内容についても適切に見直しを行うこと。

Ⅷ　建築士のなかの専門資格者の業務範囲と責任は？

Question 20

「構造設計一級建築士」と「設備設計一級建築士」の業務範囲と責任は、どのようになりますか。

Answer 20

一定規模以上の建物については、その規模および構造の内容に応じて、設計者が「構造設計一級建築士」あるいは「設備設計一級建築士」であることを設計図書に表示しなければなりません。現状では、意匠系設計者の割合が構造・設備設計専業者よりも多く、下請けの立場にある両専業者の業務に対する責任の範囲が曖昧になりがちです。そこに不祥事を起こす一つの原因がありそうです。今後は、それらを解消すべく責任体制を明確にして、業務が遂行できるようにすることを改正法では図っています。今までのやり方に反省を加え、各業務分担をきちんとさせ、それに伴う責任範囲も明確にし、専門職者の地位向上にもつながることを期待されています。

なお、一定規模以上の建築物とは下記のようになっています。

❖「構造一級建築士」の場合：高さが 20m を超える鉄筋コンクリート造の建築物等（S 造、SRC 造含む）

❖「設備一級建築士」の場合：階数が 3 以上で床面積の合計が 5,000 ㎡を超える建築物

a 建築士の業務実態

建築士の業務実態をみると、構造設計に従事する者は約４%、設備設計に従事する者は約 1.1%であり、これらの業務に従事する者の割合が極めて低い状況にある。また、一級建築士試験合格者においても、その職務内容別の構成をみると、構造設計を担当している者の占める割合は約４～5%（200～300 人程度）で推移しており、同様に設備設計を担当している者は１%強（100 人程度）となっている。建築士事務所に対して行ったアンケート結果（平成 18 年５月実施）によれば、約半数の事務所が専業事務所であり、また、所員数５人未満の小規模事務所が占めており、零細な実態が明らかとなっている。また、全事務所でみると約 55%の事務所で開設者と管理建築士が同一となっているが、専業事務所では開設者と管理建築士が同一であることが多い。

業務内容としては、約 43%の事務所が意匠設計業務を中心としており、構造設計業務の約 45%、設備設計業務の約 69%が再委託されている。特に、これらの再委託業務については、約 43%の事務所が再委託の契約を口頭のみで行っており、また、約 36%の事務所が依頼主に対して再委託先を提示していない、といった責任関係の曖昧な業務実態が明らかとなっている。

b 建築士が行う関連業務

建築士が行う業務としては、独占業務である設計・工事監理以外にも、建築ストックの有効活用に向けた耐震診断や省エネ診断、建築物の性能を踏まえたデューデリジェンス（不動産の適正な評価手続きを行うための調査・分析（Due Diligence））等の調査・鑑定業務、景観形成やまちづくりに関連したコンサルタント業務やコーディネート業務等が増えてきている。

C
建築士制度をとりまく経済社会情勢の変化

これまで、建築士は、法制定時の戦災復興期、高度経済成長期やバブル期を通じ、急激に増大する建築生産における建築物の質の確保を支えてきた。

今日、我が国の経済社会情勢はこれらの時期とは大きく異なり、人口減少・少子高齢社会が現実化して人口減少社会という大きな転換期に入っており、将来的な建設投資の減少予測もなされている。

こうした状況を踏まえ、建築行政や住宅政策のあり方としても、量の確保から質の向上を目指す方向へと移行し、ストックの有効活用が重要視されるようになっている。また、建築物に要求される性能について耐震や防火といった基本的な安全性はもとより、シックハウス対策やエレベーター事故対策等さまざまな安全対策が求められている。さらに、環境問題、省エネルギー問題への対応やバリアフリー化への対応など、経済社会活動に関わる諸課題への対応が求められる。

これらの点を踏まえれば、建築生産を支える建築士、特に、設計者や工事監理者となる建築士には、これまで以上に高い能力と質の向上が求められている。

（参考・社会資本整備審議会基本制度部会答申）

改正要綱

構造設計及び設備設計に関する特例

1　構造設計一級建築士による構造関係規定への適合性の確認の実施等

イ　構造設計一級建築士は、高さが 20m を超える鉄筋コンクリート造の建築物等、一定の規模の建築物の構造設計を行った場合においては、その構造設計図書に構造設計一級建築士である旨の表示をしなければならないものとすること。

ロ　構造設計一級建築士以外の一級建築士は、イの建築物の構造設計を行った場合においては、構造設計一級建築士に当該構造設計に係る建築物が建築基準法に基づく構造関係規定に適合するかどうかの確認を求めなければならないものとすること。

ハ　構造設計一級建築士は、ロにより確認を求められた場合において、当該建築物が構造関係規定に適合することを確認したときまたは適合することを確認できないときは、当該構造設計図書にその旨を記載するとともに、構造設計一級建築士である旨の表示をして記名及び押印をしなければならないものとすること。

ニ　構造設計一級建築士は、ロにより確認を求めた一級建築士から請求があったときは、構造設計一級建築士証を提示しなければならないものとすること。

2　設備設計一級建築士による設備関係規定への適合性の確認の実施等

イ　設備設計一級建築士は、階数が 3 以上で床面積の合計が $5000m^2$ を超える建築物の設備設計を行った場合においては、その設備設計図書に設備設計一級建築士である旨の表示をしなければならないものとすること。

ロ　設備設計一級建築士以外の一級建築士は、イの建築物の設計を行った場合においては、設備設計一級建築士に当該設備設計に係る建築物が建築基準法に基づく設備関係規定に適合するかどうかの確認を求めなければならないものとすること。

ハ　設備設計一級建築士は、ロにより確認を求められた場合において、当該建築物が設備関係規定に適合することを確認したときまたは適合することを確認できないときは、当該設備設計図書にその旨を記載するとともに、設備設計一級建築士である旨の表示をして記名及び押印をしなければならないものとすること。

ニ　設備設計一級建築士は、ロにより確認を求めた一級建築士から請求があったときは、設備設計一級建築士証を提示しなければならないものとすること。（第二十条の二及び第二十条の三関係）

Question 21

研修は設計業界団体のどこが実施してくれますか。

Answer 21

日本建築士会連合会や日本建築士事務所協会連合会が主催する研修を受けることが必要となります。全国に顕在する各団体単位でも実施することになっています。実施機関の指定は、今後改めて創設される予定です。

Question 22

建築士会および建築士会連合会の研修はどうなっていますか。

Answer 22

各都道府県単位で支部などを通じて広く実施されます。具体的にはこれから準備されますので、官報や機関誌等によって公表されるでしょう。時期としては、定期講習制度や専門資格者制度が2008年秋から冬にかけて行われる模様ですので、注意しておく必要があります。

Question 23

建築士事務所協会連合会も研修を行いますね。

Answer 23

建築士事務所協会連合会も各都道府県単位で組織（協会）が存在していますので、それを通じて会員には案内の情報が届くことになります。

改正要綱 **建築士会及び建築士会連合会による研修の実施**	建築士会及び建築士会連合会は、建築士に対し、その業務に必要な知識及び技能の向上を図るための建築技術に関する研修を実施しなければならないものとすること。 （第二十二条の四関係）

Question 24

管理建築士の資格取得はどうしたらいいですか。

Answer 24

建築士が一定期間（実務３年以上）の業務経験その他国土交通省令で定める業務に従事した後、国土交通大臣の登録を受けた者（登録講習機関）が行う、講習の課程を修了しなければなりません。

Question 25

管理建築士の役割はどんな範囲ですか。

Answer 25

設計図書全般にわたってチェックする立場にあり、設計業務の総括責任者であり、事務所の開設者に対して技術的な面で意見を述べる義務があります。

設計者として施主から委任を受けて、確認申請手続きを行う立場です。管理建築士は、実務経験が３年以上で管理建築士講習を修了することが必要です。技術的能力が伴うことはもちろん、建築主の信頼に応えられる者でなければなりません。

また、事務所の管理機能強化や業務の再委託等についての適正な判断と実行、そして確認申請業務に関する建築主の代理人としての総括的責任を果たす立場でもあります。

改正要綱 **管理建築士の要件強化**	1　管理建築士は、建築士として３年以上の設計等の業務に従事した後、国土交通大臣の登録を受けた者が行う講習の課程を修了した建築士でなければならないものとすること。 2　１の登録は、講習の区分ごとに、講習事務を行おうとする者の申請により行うものとすること。 3　四の二の登録講習機関の欠格条項、登録基準、講習事務規程、登録の取消し等に関する所要の規定は、１の登録を受けた者について準用するものとすること。（第二十四条及び第二十六条の五関係）

管理建築士の役割
a

管理建築士による事務所管理機能を強化することと業務の再委託等について適正化を図ることを基本として見直しを行うべきである。

b
建築士事務所の業務の適正化

建築設計の分業体制が常態化していることも踏まえつつ、業務の適正化を図るため、次の措置を講ずべきである。

- 建築士事務所を管理する管理建築士について、一定の実務経験等の要件を付加するなど、その能力の向上を図ること。
- 管理建築士が技術的観点から開設者に述べた意見が尊重されるよう必要な措置を講じること。
- 住宅購入者等の信頼に応えるため、受託した設計業務または工事監理業務の一括再委託を禁止するとともに当該業務の建築士事務所以外への再委託の禁止を徹底すること。
- 建築主が業務を委託する際に、所要の情報を得た上で委託するか否かの判断ができるよう、管理建築士または開設者が指名した建築士に、一定の事項について事前説明を行わせるとともに、その内容について書面で確認させること。
- 事務所の開設者に対し、所属建築士への講習受講機会の付与を義務付けること。

（参考・社会資本整備審議会基本制度部会答申）

Question 26

設計および工事監理業務の再委託の制限とはどのようなことですか。

Answer 26

委託を受けた元請設計者が他の建築士事務所に一括再委託（いわゆる丸投げ）で委託することを禁止しています。

また、多数の者が利用する一定の建築物であって一定の規模以上のものの新築工事に係るものについては、他の建築士事務所に業務を一括して委託することも禁止しています。つまり、元請設計者は業務を外注することが非常に難しくなりますので注意を要します。

改正要綱 **設計または工事監理業務の再委託の制限**	1　建築士事務所の開設者は、委託者の許諾を得た場合においても、委託を受けた設計または工事監理の業務を建築士事務所の開設者以外の者に委託してはならないものとすること。 2　建築士事務所の開設者は、委託者の許諾を得た場合においても、委託を受けた設計または工事監理（多数の者が利用する一定の建築物であって一定の規模以上のものの新築工事に係るものに限る。）の業務を、それぞれ一括して他の建築士事務所の開設者に委託してはならないものとすること。 （第二十四条の三関係）

Ⅸ　設計・工事監理業務の契約前には、重要事項の説明を発注者に必ず行うこと!!

Question 27

「管理建築士」は、設計・監理業務の契約時に建築主に対してどのような点に注意する必要がありますか。

Answer 27

設計および工事監理業務の契約を締結する際、管理建築士は、事前に建築主に対して次のような点に注意する必要があります。

①作成する設計図書の種類

②工事と設計図書との照合の方法および工事監理の実施の状況に関する報告の方法

③当該建物に従事する建築士の氏名および各資格

④報酬額と支払い時期

⑤契約解除に関すること

以上の他、国土交通省令で定める事項について書面をもって説明する必要があります。その際、管理建築士は免許証を提示しなければなりません。

改正要綱 **管理建築士等による設計受託契約等に関する重要事項の説明の実施**	1　建築士事務所の開設者は、設計または工事監理を受託する契約（以下それぞれ「設計受託契約」または「工事監理受託契約」という。）を建築主と締結しようとするときは、あらかじめ、当該建築主に対し、管理建築士等をして、設計受託契約または工事監理受託契約の内容及びその履行に関する重要事項について、当該事項を記載した書面を交付して説明をさせなければならないものとすること。 2　管理建築士等は、1の説明をするときは、当該建築主に対し、免許証を提示しなければならないものとすること。（第二十四条の七関係）

Question 28

建築士事務所の登録方法はどのようになりますか。

Answer 28

都道府県知事は、指定した登録機関に登録の実施に関する事務と登録簿等を一般の閲覧に供する事務を行わせることができます。実務は知事が指定する「事務所登録機関」が行います。また、国土交通大臣が指定する「中央指定登録機関」についても同様です。登録受付の窓口は、従来の登録機関と基本的には変わらないものと思われます。

改正要綱 **指定事務所登録機関による建築士事務所の登録等の実施**	1　都道府県知事は、その指定する者（以下「指定事務所登録機関」という。）に、建築士事務所の登録の実施に関する事務及び登録簿等を一般の閲覧に供する事務を行わせることができるものとすること。 2　中央指定登録機関の指定の基準、登録等事務規程、指定の取消し等に関する所要の規定は、指定事務所登録機関について準用するものとすること。（第二十六条の三関係）

Question 29

建築士事務所協会とその関連団体に所属する建築士事務所は、法改正に伴ってどのような対策を講じる必要がありますか。

Answer 29

建築士事務所を開設するものは、所属団体の指導を受け、事務所に所属する建築士に研修を受けさせなければなりません。建築士事務所協会および建築士事務所協会連合会は、会員に対する業務の適正な運営と建築主の利益を保護するための行動（義務）が必要になってきます。それによってコンプライアンス（法令順守）精神を養い、事務所の正常な経営が図れるよう期待されています。

Question 30

事務所協会会員でも具体的な行動として どのようなことに注意が必要でしょうか。

Answer 30

ひとり残らず研修に参加させることが最小限の手段だといえましょう。さらに、組織内での定期的な研修も必要です。総括的な仕事に従事する技術者をはじめ、構造、設備等の各専門職者の研修も欠かせません。技術的な解決のために、従来、建築基準法等については、組織内における情報交換（情報の共有化）が行われてきたと思いますが、今後は、日常的に建築士法の認識を高める行動が必要です。

改正要綱

建築士事務所協会及び建築士事務所協会連合会に関する制度の整備

1　その名称中に建築士事務所協会という文字を用いる一般社団法人は、建築士事務所の業務の適正な運営及び建築主の利益の保護を図ることを目的とし、かつ、建築士事務所の開設者を社員とする旨の定款の定めがあるものでなければならないものとすること。

2　その名称中に建築士事務所協会連合会という文字を用いる一般社団法人は、建築士事務所の業務の適正な運営及び建築主の利益の保護を図ることを目的とし、かつ、建築士事務所協会を社員とする旨の定款の定めがあるものでなければならないものとすること。

3　建築士事務所協会及び建築士事務所協会連合会は、その目的を達成するため、建築士事務所の業務に関する建築士事務所の開設者に対する指導・勧告等、建築士事務所の業務に対する建築主等からの苦情の解決、建築士事務所の開設者及び建築士事務所に属する建築士に対する研修等の業務を行うものとすること。

4　建築士事務所協会及び建築士事務所協会連合会は、建築士事務所の業務の適正化を図るための建築士事務所の開設者に対する建築士事務所の業務の運営に関する研修及び建築士事務所に属する建築士に対する設計等の業務に関する研修を実施しなければならないものとすること。

5　建築士事務所協会は、建築主等から建築士事務所の業務に関する苦情について解決の申出があったときは、当該建築士事務所の開設者に対し苦情の内容を通知して迅速な処理を求めなければならないこと等とすること。（第二十七条の二から第二十七条の五まで関係）

X　厳しくなった処罰!!

Question 31

建築士が違法行為をした場合の罰則はどうなりますか。

Answer 31

罰則については、従来の法規からかなり厳しい内容に改定されています。建築士法には、構造計算を偽って作成し、安全に支障をきたす証明書を交付してはならないことが厳しく定められています。違反した建築士は、1年以下の懲役または100万円以下の罰金が科せられます。また、構造計算書を偽装して建築物を実際に建ててしまったときは、3年以下の懲役または300万円以下の罰金が科せられます。また、上記の二つの事項が併合して行われた場合には、刑法（第四十七条、第四十八条第二項）で4年以下の懲役または400万円以下の罰金が科せられます。刑事罰というかなり厳しいペナルティがつきました。

建築士に対する罰則の強化――新旧比較表――

違反内容	改正後	改正前
①耐震基準など重大な実体違反（建築基準法）	懲役3年以下又は罰金 300 万円以下	罰金 50 万円
②建築確認の手続き違反（建築基準法）	懲役1年以下又は罰金 100 万円以下	罰金 50 万円
③①と②の併合違反の場合（刑法）	懲役4年以下又は罰金 400 万円以下	
④建築士・建築士事務所の名義貸し、建築士による構造安全性の虚偽証明（建築士法）	懲役 1 年以下又は罰金 100 万円以下	なし
⑤不動産取引の際に重要事項の不実告知等（宅建業法）	懲役2年以下又は罰金 300 万円以下（法人の場合罰金1億円）	懲役 1 年又は罰金 50 万円以下

Question 32

建築士の職責に関する規定はどんな内容になりましたか。

Answer 32

建築士が職責をまっとうするためには、業務の適正さと建築物の質の向上に寄与しなければなりません。公正で誠実な態度で業務を行い、常に品位を保ちながら業務に関する法令および実務に精通して行動することが望まれます。そこで、耐震偽装事件による社会的責任の自覚を図ることの重要性から考え、新しく建築士の職責を規定しました。例えば、建築士法第七条に、禁錮以上の刑に処せられた者は、刑の執行が終わり、または執行を受けることがなくなった日から５年を経過しないと免許が与えられないとあります。建築物の建築関係法で罪を犯して罰金の刑に処せられた場合も同様に扱われます。

Question 33

建築士が死亡し、または失そう宣告を受けた場合の届出については、どのようにしたらいいですか。

Answer 33

建築士が死亡したときは、戸籍法上の届出義務者（相続人）は、その事実を知った日から30日以内に、その旨を、一級建築士にあっては、国土交通大臣に、二級建築士または木造建築士にあっては、免許を受けた都道府県知事に届け出なければなりません。

Question 34

建築士の「免許」および「試験」に関する規定はどのように見直されましたか。

Answer 34

「懲戒に関する規定」については、建築士が次の二つのいずれかの規定に該当するときは、国土交通大臣または都道府県知事は、戒告もしくは１年以内の期間を定めて業務停止を命じるか、免許の取消しができます。

①建築士法、建築基準法、建設業法等の法律に基づく命令もしくは条例に違反したとき。

②業務に関して不誠実な行為をしたとき。

なお、懲戒を実施するためには、中央建築士審査会または都道府県建築士審査会の同意が必要です。そして、国土交通大臣または都道府県知事は、懲戒命令によって処分をしたときは、国土交通省令で定めた方法でその旨を公告しなければなりません。

また、「試験の合格取消し」の規定ですが、一級建築士の試験において不正な手段を用いた場合は、国土交通大臣が、二級建築士または木造建築士の試験において不正な手段を用いた場合は、都道府県知事が当該者に対して合格決定を取り消し、または当該試験の受験を禁止することができます。

なお、取消しや禁止の実施は、一級建築士受験者の場合、国土交通大臣の職権を「中央指定試験機関」が、二級建築士または木造建築士の場合、都道府県知事の職権を「都道府県知事指定試験機関」が行うことができます。

Question 35

名義貸しをしてはいけない相手とはどのような人ですか。

Answer 35

建築士は非建築士に対して自己の名義を利用させてはなりません。次の規定に注意してください。

①新築、増築に拘らず、一級建築士でなければ設計または工事監理をしてはならない規定に違反する者。（第三条第一項、第二項）

②一級建築士または二級建築士でなければできない規定に違反した者。（①に同様）

③一級建築士等の名称の使用禁止に違反する者。（第三十四条の二）

④都道府県条例の規定に違反する者。（第三条の二第二項等）

Question 36

設計等の業務に関する報告の提出を怠った場合のペナルティはどのようになりますか。

Answer 36

義務を怠る等、下記に該当する者は、30万円以下の罰金が科せられます。

①設計等の業務に関する報告書の規定に違反し、報告書を提出しない、または内容に虚偽の記載をして報告書を提出した者。

②建築士事務所の業務に関する帳簿の保存に違反して保存しなかった者。

③業務に関する図書の保存に違反して、保存しなかった者。

④建築士事務所の公衆の見やすい場所での標識の掲示に違反して、掲示しなかった者。

⑤書類の閲覧に違反して、書類を備え置かず、もしくは設計等を委託しようとする者の求めに応じて閲覧させ

ず、または虚偽の記載のある書類を備え置き、もしくは設計等を委託しようとする者に閲覧させた者。

⑥設計を委託しようとする者への書類の交付に違反し、書面を交付せず、または虚偽の記載のある書面を交付した者。

⑦建築士としての名称の使用禁止規定に違反した者。

Question 37

その他の改正について知りたい場合は？

Answer 37

国土交通省のホームページをご覧ください。常に新しく改定された情報が掲載されています。それを引き出して確認することができます。

Question 38

設計と工事監理報酬についてはどのような変化がありますか。

Answer 38

今後は、現行の告示1206号をもとに定期的な見直しを行うことになります。その要点は、設計料算定には、従来の工事金額と用途別を基本にするだけでなく、延床面積も考慮に入れること、作業量を増やす原因になっている調査業務とかCAD化業務の拡大など、現状の設計業務を反映するものなどが対象になってきます。更に、意匠や構造、計画、設備の分野ごとに業務日数を設定することなどがあります。注意しなければならないことは、設計者が施工者に頼ることのないような作業の進め方が重視されることです。その他、瑕疵担保責任を履行するための保険、信託などの制度の確立が必要です。

1-4　建築基準法の一部改正 Q&A

Ⅰ　建築基準法との関連 !!

Question 39

新しい資格者（構造設計、設備設計）が確認したものでなければ工事ができなくなるということですが、具体的にはどのような内容ですか。

answer 39

「建築物の設計および工事監理」と「建築物の建築等に関する申請および確認」（建築基準法第五条第四項に規定）は、建築士でなければ行うことができません。建築士法改正のなかで「構造設計一級建築士は、高さが20m を超える鉄筋コンクリート造の建築物等、一定の建築物の構造設計を行った場合には、その構造設計図書に構造設計一級建築士である旨の表示をしなければならない」とあります。また、「設備設計一級建築士は、階数が3以上で床面積の合計が5,000㎡を超える建築物の設備設計を行った場合は、その設備設計図書に設備設計一級建築士である旨の表示をしなければならない」と規定されています。

建築物の工事は、構造設計一級建築士の構造設計もしくは当該建築物が構造関係規定に適合することを構造設計一級建築士が確認（法適合チェック）した構造設計でなければできません。また、設備設計一級建築士の設備設計もしくは当該建築物が設備関係規定に適合することを設備設計一級建築士が確認した設備設計でなければ行えません。建築基準法に規定されている部分を適合させ、これに従わない工事の禁止と確認申請の受理をしない旨が明記されています。

また、確認申請の受理に関しては、次のように定めています。「建築主事または指定確認検査機関は、上記の規定に該当しないときは、当該建築物に係る確認の申請書を受理することができないものとする」。なお、社会資本整備審議会からは次ページのような報告がされていますので参考にしてください。

1　高度な専門能力を有する建築士による構造設計及び設備設計の適正化

建築設計が高度化・専門分化している実態を踏まえ、構造設計及び設備設計の適正化を図るため、次の措置を講ずべきである。

- 一定規模以上の建築物等については、構造設計または設備設計について高度な知識及び技能を有する一級建築士（特定構造建築士(仮称)、特定設備建築士(仮称)）による構造または設備に関する設計図書の作成または法適合性証明を義務付けること。
- 上記措置が確実に実施されるよう、建築確認申請時に、特定構造建築士または特定設備建築士が自ら設計図書を作成した場合にはそれぞれ特定構造建築士または特定設備建築士である旨を証する書類を、それ以外の場合には法適合性を証明した図書を確認申請書に添付しなければならないこととすること。
- 特定構造建築士または特定設備建築士は、それぞれ構造設計図書または設備設計図書の作成に関し一定以上の実務経験を有し、かつ、所定の講習を修了した者またはこれと同等と認められる者とすること。

2　建築士事務所の業務の適正化

建築設計の分業体制が常態化していることも踏まえつつ、業務の適正化を図るため、次の措置を講ずべきである。

- 建築士事務所を管理する管理建築士について、一定の実務経験等の要件を付加するなど、その能力の向上を図ること。
- 管理建築士が技術的観点から開設者に述べた意見が尊重されるよう必要な措置を講じること。

	●住宅購入者等の信頼に応えるため、受託した設計業務または工事監理業務の一括再委託を禁止するとともに、当該業務の建築士事務所以外への再委託の禁止を徹底すること。 ●建築主が業務を委託する際に、所要の情報を得た上で委託するか否かの判断ができるよう、管理建築士または開設者が指名した建築士に、一定の事項について事前説明を行わせるとともに、その内容について書面で確認させること。 ●事務所の開設者に対し、所属建築士への講習受講機会の付与を義務付けること。 3　工事監理業務の適正化と実効性の確保 　建築物の質の確保、向上を図る上で、設計と並んで重要な役割を果たす工事監理業務については、建築主と工事監理者となる建築士との間での業務内容を確認し、その適正化と第三者性などの実効性の確保を図るため、次の措置を講ずべきである。 ●工事監理業務として実施する内容を、業務の受託に際して説明し、書面で確認させること。 ●工事監理業務の内容、実施方法や建築主への報告内容等の適正化、明確化を図ること。 ●建築基準法上の着工届けの際に工事監理業務の契約書を添付させるなど、建築主の工事監理者の選任義務について実効性を確保するための措置を講じること。
参考： 社会資本整備審議会の 答申より	

Question 40

建築確認の審査期間は最大70日に。

Answer 40

規模内容によって違うことはご存知のとおりですが、一般的なケースの場合、申請を受理した日から21日以内に各規定に適合しているかどうかを審査して、適合していることを確認したときは、申請者に通知されることになっています。その期間が35日（最大70日まで延長可）に変わります。構造審査を適正に行なうことを目的としたからです。

Question 41

工事の中間検査や完了検査の方法が変わるそうですが。

Answer 41

建築確認や検査の厳格化が今回の改正で出されました。建築主事または指定確認検査機関は審査方法の指針に基づき、厳格な審査と検査を実施するようになります。

中間検査、完了検査を申請するとき、工事監理の実施方法について報告書に記載し、工事監理の実効状況について説明します。実地検査は、工事監理者および施工者の立会いのもと、目視もしくは簡易な計測機器により確認申請の内容などと工事した部分が一致しているかどうかを確認します。具体的な例としては、3階建て以上の共同住宅の中間検査義務が挙げられます。

［参考］
建築基準法
第一章

（建築物の建築等に関する
申請及び確認）

第六条　建築主は、第一号から第三号までに掲げる建築物を建築しようとする場合（増築しようとする場合においては、建築物が増築後において第一号から第三号までに掲げる規模のものとなる場合を含む。）、これらの建築物の大規模の修繕もしくは大規模の模様替をしようとする場合または第四号に掲げる建築物を建築しようとする場合においては、当該工事に着手する前に、その計画が建築基準関係規定（この法律並びにこれに基づく命令及び条例の規定〔以下「建築基準法令の規定〕という。〕その他建築物の敷地、構造または建築設備に関する法律並びにこれに基づく命令及び条例の規定で政令で定めるものをいう。以下同じ。）に適合するものであることについて、確認の申請書を提出して建築主事の確認を受け、確認済証の交付を受けなければならない。当該確認を受けた建築物の計画の変更（国土交通省令で定める軽微な変更を除く。）をして、第一号から第三号までに掲げる建築物を建築しようとする場合（増築しようとする場合においては、建築物が増築後において第一号から第三号までに掲げる規模のものとなる場合を含む。）、これらの建築物の大規模の修繕もしくは大規模の模様替をしようとする場合または第四号に掲げる建築物を建築しようとする場合も、同様とする。

一号　別表第一（い）欄に掲げる用途に供する特殊建築物で、その用途に供する部分の床面積の合計が 100m² を超えるもの

二号　木造の建築物で 3 以上の階数を有し、または延べ面積が 500m²、高さが 13m もしくは軒の高さが 9m を超えるもの

三号　木造以外の建築物で 2 以上の階数を有し、または延べ面積が 200m² を超えるもの

四号　前三号に掲げる建築物を除くほか、都

市計画区域もしくは準都市計画区域（いずれも都道府県知事が都道府県都市計画審議会の意見を聴いて指定する区域を除く。）もしくは景観法（平成十六年法律第百十号）第七十四条第一項 の準景観地区（市町村長が指定する区域を除く。）内または都道府県知事が関係市町村の意見を聴いてその区域の全部もしくは一部について指定する区域内における建築物

２項　前項の規定は、防火地域及び準防火地域外において建築物を増築し、改築し、または移転しようとする場合で、その増築、改築または移転に係る部分の床面積の合計が 10m² 以内であるときについては、適用しない。

［参考］ 建築基準法 別表第一	耐火建築物または準耐火建築物としなければならない特殊建築物（第六条、第二十七条、第二十八条、第三十五条――第三十五条の三、第九十条の三関係）

	(い)	(ろ)	(は)	(に)
	用途	(い) 欄の用途に供する階	(い) 欄の用途に供する部分 ((一) 項の場合にあつては客席、(五) 項の場合にあつては 3 階以上の部分に限る。) の床面積の合計	(い) 欄の用途に供する部分 ((二) 項及び (四) 項の場合にあつては 2 階の部分に限り、かつ、病院及び診療所についてはその部分に患者の収容施設がある場合に限る。) の床面積の合計
(一)	劇場、映画館、演芸場、観覧場、公会堂、集会場その他これらに類するもので政令で定めるもの	3 階以上の階	200 ㎡ (屋外観覧席にあつては、1 千㎡) 以上	
(二)	病院、診療所 (患者の収容施設があるものに限る。)、ホテル、旅館、下宿、共同住宅、寄宿舎その他これらに類するもので政令で定めるもの	3 階以上の階		300 ㎡以上
(三)	学校、体育館その他これらに類するもので政令で定めるもの	3 階以上の階		2 千㎡以上
(四)	百貨店、マーケット、展示場、キャバレー、カフェー、ナイトクラブ、バー、ダンスホール、遊技場その他これらに類するもので政令で定めるもの	3 階以上の階	3000 ㎡以上	500 ㎡以上
(五)	倉庫その他これに類するもので政令で定めるもの		200 ㎡以上	1 千 500 ㎡以上
(六)	自動車車庫、自動車修理工場その他これらに類するもので政令で定めるもの	3 階以上の階		150 ㎡以上

改正要綱
（注：第一の六の一のイは、要綱の中の項目番号を指す）
（資料②）

1
一定の構造設計または設備設計によらない工事の禁止等

1　第一の六の一のイ「構造設計一級建築士は、高さが 20m を超える鉄筋コンクリート造の建築物等、一定の規模の建築物の構造設計を行った場合においては、その構造設計図書に構造設計一級建築士である旨の表示をしなければならないものとすること。」または第一の六の二のイ「設備設計一級建築士は、階数が 3 以上で床面積の合計が 5000m² を超える建築物の設備設計を行った場合においては、その設備設計図書に設備設計一級建築士である旨の表示をしなければならないものとすること。」と規定されているので、建築物の工事は、構造設計一級建築士の構造設計もしくは当該建築物が構造関係規定に適合することを構造設計一級建築士が確認した構造設計または設備設計一級建築士の設備設計もしくは当該建築物が設備関係規定に適合することを設備設計一級建築士が確認した設備設計によらなければ、することができないものとすること。

2　建築主事は、建築物の計画が次のいずれかに該当するときは、当該建築物に係る確認の申請書を受理することができないものとすること。

イ　第一の六の一のイ「構造設計一級建築士は、高さが 20m を超える鉄筋コンクリート造の建築物等、一定の規模の建築物の構造設計を行った場合においては、その構造設計図書に構造設計一級建築士である旨の表示をしなければならないものとすること。」または第一の六の二のイ「設備設計一級建築士は、階数が 3 以上で床面積の合計が 5000m² を超える建築物の設備設計を行った場合においては、その設備設計図書に設備設計一級建築士である旨の表示をしなければならないものとすること。」の規定に違反するとき。

ロ　構造設計一級建築士以外の一級建築士が第一の六の一のイ「構造設計一級建築士は、高さが 20m を超える鉄筋コンクリート造の建築物等、一定の規模の建築物の構造設計を行った場合においては、その構造設計図書に構造設計一級建築士である旨の表示をしなければならないものとすること。」の建築物の構造設計を行った場合において、当該建築物が構造関係規定に適合することを構造設計一級建築士が確認した構造設計によるものでないとき。

ハ　設備設計一級建築士以外の一級建築士が第一の六の二のイ「設備設計一級建築士は、階数が 3 以上で床面積の合計が 5000m^2 メートルを超える建築物の設備設計を行った場合においては、その設備設計図書に設備設計一級建築士である旨の表示をしなければならないものとすること。」の建築物の構造設計を行った場合において、当該建築物が設備関係規定に適合することを設備設計一級建築士が確認した設備設計によるものでないとき。

（第五条の四関係＝建築物の設計及び工事監理／第六条関係＝建築物の建築等に関する申請および確認）

II　建築士法改正に伴う建築基準法の改正施行に向けての動き

Question 42

施行細則や省令の制度化のため審議会を設置する、と聞きますが……。

Answer 42

所管の国土交通省は、制度化のための施行令や省令を策定するための検討に着手することを2007年1月末に公表しました。担当課長の交代もあり、新課長のもとで作業が進められることになります。

改正法に盛り込まれている建築士の受験資格要件や、設計報酬基準の見直しについて検討するため2007年3月にも、関係団体や有識者などで構成する審議会を設置して本格的な内容検討に着手することを明らかにしました。約１年間をかけて幅広く意見を聞きながらコンセンサスを得る議論をするとのことです。そのため論点を整理しています。

Ⅲ　改正建築基準法の政省令案が公表された

Question 43

建築基準法が 06 年６月に改正になり、政省令案が 07 年２月に国交省から公表になりましたね。

Answer 43

耐震偽装事件の再発防止に向けて施行される第１弾が、この基準法の政省令で 2007 年２月初めに公表され、一般から意見を募集しましたが、２月末で締め切られました。このなかで具体的に構造計算を第三者審査（ピアチェック）の必要な対象建築物として、規模別の構造審査方法が示されています。早期に施行する必要があるとして、前倒しで施行されます。

Question 44

ピアチェックが必要な建築物の構造はどんなものですか。

Answer 44

次の建築物に、ピアチェックが必要だとしています。

①S造は、4階建て以上と、3階建て以下で高さ13mを超え、または軒高9mを超えるもの。

②RC造は高さ30mを超えるもの。

③木造は高さ13mを超え、または軒高9mを超えるもの。

④組積造・補強コンクリート造は、4階建て以上のもの。

⑤RC造とSRC造の併用は、高さ20mを超えるもの。

⑥木造、組積造、補強コンクリートブロック造、S造いずれかとRC造やSRC造との併用は、4階建て以上または高さ13mを超え、または軒高9mを超えるもの。

⑦そのほか国土交通大臣が定める建築物は、別途、告示で指定する。

Question 45

他にはどんな要件がありますか。

Answer 45

規模要件未満の建築物であっても、大臣認定プログラムを用いた場合や限界耐力計算を行った場合は、ピアチェックが必要になります。ただし、高さ60mを超える超高層建築物については、各物件ごとに大臣認定の審査が義務づけられるため、ピアチェックを求めていません。

Question 46

規模別の構造審査方法も示されたようですが。

Answer 46

建築物の規模で、構造計算の方法などが変わります。審査の流れも異なりますので、図で示します。

規模別による構造審査の方法（建築基準法第 20 条）

区分	建築物の規模	構造計算の方法	審査の行程
1 号	**高さ 60mを超**える建築物	時刻暦応答解析（電子計算機で振動解析）	建築主申請→指定性能評価機関の評価→**大臣認定**→建築確認→着工
2 号	**大規模建築物** 高さ 60m以下の場合 ◆鉄骨造：4 階建て以上 ◆鉄筋コンクリート造：高さ 20m超 ◆木造：高さ 13m超または軒高 9m超 その他	A. 許容応力度計算／層間変形角の確認／保有水平耐力計算（高さ 31m超に適用可） B. 許容応力度計算／層間変形角・剛性率・偏心率の確認など（高さ 31m以下に適用可） C. 限界耐力計算（高さ限定なし）	建築主申請 ↓ 指定確認検査機関または特定行政庁が建築確認→着工 判定依頼↓　↑結果通知 指定構造計算適合性判定機関による構造計算審査（ピアチェック）
3 号	**中規模建築物**（上記以外の場合） ◆木造：3 階建て以上または延べ面積 500 ㎡超 ◆木造以外：2 階建て以上または延べ床面積 200 ㎡超	許容応力度計算	建築主申請 ↓ 指定確認検査機関または特定行政庁が建築確認→着工
4 号	**小規模建築物**（上記1、2、3 号以外の場合）	政令で定める基準から除外	建築主が申請→建築確認検査機関→着工 小規模木造住宅などは審査省略を見直す

Question 47

ピアチェックを依頼する場合は？

Answer 47

構造判定機関へのピアチェックの依頼は、建築確認を受託した機関を通じて行われます。建築主や設計者は、いままでと同じように建築確認を申請して、構造判定機関によるピアチェックを経過したうえで、建築確認が下りることになります。

Question 48

万全を期すため、中間検査の義務化も決めたようですが……。

Answer 48

中間検査の義務化が規定された建物は、3階建て以上の共同住宅を対象とし、床、梁に鉄筋を配置する工事の工程のうち、2階の床またはこれを支持する梁に鉄筋を配置する段階で検査することにしています。偽装防止に対する決意の現れでもあります。

Question 49

これら対象となる建物のピアチェックは極めて重要ですが、構造計算書の適合性判定員には、どんな要件が必要ですか。

Answer 49

こんどの改正の特徴は、新たな建築確認制度が施行されること、構造計算書の適合性判定を二重に審査する枠組みを造ったことにあります。特定行政庁や指定確認検査機関が確認した案件の構造計算を別途、判定機関が審査することにしています。耐震偽装を見抜くという重要な役割を担うものです。その割には判定員の要件を満たす人が少ないという心配もありますが、要件として次のようなものになっています。

❖ 大学や高等専門学校などで、建築物の構造に関する科目を担当する大学教授・助教授（以前に従事していた者も含む）

❖ 同分野で公的試験研究機関に従事している研究者で高

度な専門知識を持つ者

❖ 日本建築構造技術者協会（JSCA）の建築士や日本建築士会連合会の構造専攻建築士として 7 年以上の実務経験があり、高さ 20m を超える RC 造建築物の設計実績が 2 件以上ある者

❖ 地方自治体が設置する耐震診断等判定委員会などで 5 年以上の実務経験があり、高さ 30m を超える RC 造建築物の審査実績が 2 件以上ある者

これらの条件を満たし、日本建築防災協会が実施する講習会を修了した者が、構造判定員として認められます。

Question 50

ピアチェックを行う団体の想定は？

Answer 50

国交省は日本建築構造技術者協会（JSCA）の「建築構造士」と日本建築士会連合会の「構造専攻建築士」などの資格者を考えているようです。両団体とも判定員確保のため講習会などを開き、人員確保に動いていますが、国交省は日本建築士事務所協会連合会、日本建築家協会などの建築士団体にも協力を求め、判定員の確保に懸命です。また、日本建築センター、日本建築総合試験所など大臣指定の確認検査機関でも、この判定業務への参入を目指しています。

Question 51

構造判定機関の指定の有効期間は？

Answer 51

指定の有効期間は５年間としています。構造判定機関の指定基準に関しては、業務量に応じた構造判定員の配置人数などを準則として別途規定し、都道府県などに通知することにしています。

Question 52

要件を満たす判定員が少ないという心配もあるようですが……。

Answer 52

国交省は建築確認の対象件数を年間6-7万件とみています。1人当たり週1日8時間の業務で「約1500人の判定員が必要」と試算して、判定機関の常勤扱いでは一定程度の判定員を確保することが難しいため、非常勤で複数機関での活動でも良し、と考えています。この背景には対象者の多くが設計事務所や建設会社などに所属しており、常勤扱いでは一定数を確保できない事情があるからです。

そして、構造計算の適合性審査に際しては、判定員が2人1組で実施する枠組みを考えています。

Question 53

指定確認検査機関の指定要件も厳格化したそうですが。

Answer 53

同機関の中立性を一層高めるため、親会社の出資比率を現行の2分の1から3分の1に引き下げ、親会社に関する規定を強化しました。建設会社や設計会社が親会社の場合は中立要件に抵触すると定めています。

Question 54

十分な検討を行うため、審議会を設置する予定と聞きますが。

Answer 54

改正法に盛り込まれている建築士の受験資格要件や、設計報酬基準の見直しについて検討するため、関係団体や有識者などで構成する審議会を設置して本格的な内容検討に近く着手することを明らかにしました。約１年間かけて幅広く意見を聞きながらコンセンサスを得る議論をするとのことです。そのため論点を整理しています。

1-5　建設業法の一部改正 Q&A

I　建築基準法との関連 !!

Question 55

建築士法の改正に伴って、建設業法も改正されましたがどのような内容ですか。

Answer 55

建築基準法が建築士法改正を受けて資格部分を整合させたのに比べ、建設業法は構造計算偽装問題を受けて建築生産のシステムから見直したものです。主な点は、一括下請けの禁止と監理技術者の配置を一定規模の民間工事まで拡大させたことの二点です。さらに、付帯して紛争解決制度、営業に関する図書の保存の義務付けにも及んでいます。

Question 56

民間工事の一括請負が禁止になるようですが、その内容は？

Answer 56

分譲マンションなど発注者とエンドユーザーが異なる工事についての一括再委託（いわゆる下請けに丸投げ）が全面禁止になります。一括発注によって無責任な工事体制にならないようにするために、それを禁止しています。ただし、建設業者が請け負った建設工事が、多数の者が利用する一定の施設または工作物に関する重要な建設工事以外の建設工事である場合において、当該建設工事の元請人があらかじめ発注者の書面による承諾を得たときは、適用されません。これまでの規定に加えて、一定の民間工事にも適用されるようになった点が大きく変わります。（第二十二条関係＝一括下請負の禁止）

Question 57

監理技術者の配置を義務付けられた民間の工事とは何ですか。

Answer 57

資格者証の交付等を受けた監理技術者の配置を必要とする場合を、学校、病院等、公共性のある施設もしくは工作物または多数の者が利用する施設もしくは工作物に関する一定の重要な民間の建設工事にも拡大（現在は公共工事のみ）されました。

Question 58

工事請負者が行う工事監理に関する報告とはどのような状態や内容でしょうか。

Answer 58

請負人は、請け負った工事の施工について工事監理を行う建築士から工事を設計図書のとおりに実施するよう求められた場合において、これに従わないときは、直ちに、注文者に対して、その旨および建築士の求めに従わない理由を報告しなければならないとしています。それは設計図書どおりに施工させようとする工事監理者の指示に従わなくても良い機会が与えられたものです。（第二十三条の二関係＝工事監理に関する報告）

Question 59

もし工事に関して紛争が起った場合、その解決方法について今回の改正ではどのようになりますか。

Answer 59

今回改正で加えられたものは、建設工事紛争審査会における紛争解決制度の充実と専任の監理技術者の配置範囲が拡大されたこと、そして、営業に関する図書の保存義務付けの３点です。

Question 60

建設工事紛争審査会における紛争解決制度の充実とはどんな内容ですか。

Answer 60

建設工事紛争審査会は、あっせんまたは調停に係る紛争についてあっせんまたは調停による解決の見込みがないと認めるときは、あっせんまたは調停を打ち切ることができるものとしています。その他、あっせんまたは調停が打ち切られた場合において、当該あっせんまたは調停の申請をした者がその旨の通知を受けた日から１カ月以内に調停の目的となった請求について訴えを提起したときは、時効の中断に関しては、あっせんまたは調停の申請の時に、訴えの提起があったものとみなすことができます。

また、紛争について当事者間に訴訟が係属する場合において、次のいずれかに掲げる事由があり、かつ、当事者の共同の申立てがあるときは、受訴裁判所は、４カ月以内の期間を定めて訴訟手続を中止する旨の決定をすることができます。

イ　当該紛争について、当事者間において審査会によるあっせんまたは調停が実施されていること。

ロ　イに規定する場合のほか、当事者間に審査会によるあっせんまたは調停によって当該紛争の解決を図る旨の合意があること。（第二十五条の十五から第二十五条の十七まで関係＝建設工事紛争審査会の設置）

Question 61

工事現場における資格者の選任はどのような条件が必要ですか。

Answer 61

監理技術者資格者証の携帯が必要な工事の範囲の拡大等としては、公共性のある施設もしくは工作物または多数の者が利用する施設もしくは工作物に関する一定の重要な建設工事について、工事現場ごとに専任の者でなければならない監理技術者は、監理技術者資格者証の交付を受けている者であって、国土交通大臣の登録を受けた講習を受講したもののうちから選任しなければならないものとされています。（第二十六条関係＝主任技術者および監理技術者の設置等）

Question 62

営業に関する図書を保存する義務はどのようになりますか。

Answer 62

国土交通省令で定める営業に関わる内容を記載した帳簿を備えて、営業所ごとに保存しなければなりません。これまでの建設業者は、その営業所ごとに、備え、保存するのは帳簿だけでしたが、その営業に関する一定の図書を保存しなければならないものとして義務付けられます。（第四十条の三関係＝帳簿の備付け等）

改正要綱 **一定の民間工事における一括下請負の禁止**	建設業者が請け負った建設工事が、多数の者が利用する一定の施設または工作物に関する重要な建設工事以外の建設工事である場合において、当該建設工事の元請負人があらかじめ発注者の書面による承諾を得たときは、一括下請負を禁止しないものとすること。（第二十二条関係＝一括下請負の禁止）

改正要綱

工事監理に関する報告

請負人は、その請け負った建設工事の施工について工事監理を行う建築士から工事を設計図書のとおりに実施するよう求められた場合において、これに従わないときは、直ちに、注文者に対して、その旨及び建築士の求めに従わない理由を報告しなければならないものとすること。（第二十三条の二関係＝工事監理に関する報告）

改正要綱

建設工事紛争審査会における紛争解決制度の充実

1　建設工事紛争審査会は、あっせんまたは調停に係る紛争についてあっせんまたは調停による解決の見込みがないと認めるときは、あっせんまたは調停を打ち切ることができるものとするほか、あっせんまたは調停が打ち切られた場合において、当該あっせんまたは調停の申請をした者がその旨の通知を受けた日から１ヶ月以内に調停の目的となった請求について訴えを提起したときは、時効の中断に関しては、あっせんまたは調停の申請の時に、訴えの提起があったものとみなすものとすること。

2　紛争について当事者間に訴訟が係属する場合において、次のいずれかに掲げる事由があり、かつ、当事者の共同の申立てがあるときは、受訴裁判所は、４ヶ月以内の期間を定めて訴訟手続を中止する旨の決定をすることができるものとすること。

イ　当該紛争について、当事者間において審査会によるあっせんまたは調停が実施されていること。

ロ　イに規定する場合のほか、当事者間に審査会によるあっせんまたは調停によって当該紛争の解決を図る旨の合意があること。（第二十五条の十五から第二十五条の十七まで関係＝建設工事紛争審査会の設置）

改正要綱 **監理技術者資格者証の携帯が必要な工事の範囲の拡大等**	公共性のある施設もしくは工作物または多数の者が利用する施設もしくは工作物に関する一定の重要な建設工事について、工事現場ごとに専任の者でなければならない監理技術者は、監理技術者資格者証の交付を受けている者であって、国土交通大臣の登録を受けた講習を受講したもののうちから選任しなければならないものとすること。（第二十六条関係＝主任技術者及び監理技術者の設置等）

改正要綱 **営業に関する図書の保存の義務付け**	建設業者は、その営業所ごとに、その営業に関する一定の図書を保存しなければならないものとすること。（第四十条の三関係＝帳簿の備付け等）

第2章
建築士法等改正までの経緯

2-1　耐震構造設計偽装事件（2005年11月発覚）

建築業界ではかつて聞いたことのなかった事件が、遂に起ってしまいました。一級建築士がこのような事件の中枢の位置にあったなどとはあまり聞いたことがありません。特に建物の骨格に係る構造設計であってはならない違法行為です。躯体の経済性は設計上常に検討の要因になっていることは、専門家であれば誰もが日常的に経験しているところだと思います。しかし、構造設計基準を曲げてまで違法な設計をしなければならないということは、普通の設計者であれば誰も怖くて考えないことです。計画系（総括）の設計者は、構造に無理を投げかけることはあっても、法に抵触することは、絶対に考えません。仮に間違った設計であった場合、確認申請段階で必ず指摘され、修正をさせられます。しかし、この事件では、確認審査機関がそれを見抜く力がなく、それどころか審査するべき仕事としての行為を怠っていたわけです。このような機関を認可した国土交通省の責任も重いといわれています。結果的には、ひとり構造設計者の責任であったがごとき状況に現在見られているようですが、社会は原因を正確に把握して、その行為を厳しく戒め、冷静な態度をもって正す行動が重要です。それにしても、その後において再度、構造設計者の偽装事件が発覚していますので、建築界の信用はガタ落ちです。

この信用を回復するためには、業界全体がどれほどのエネルギーを費やさなければならないか計りしれません。世間の目は厳しく業界全体に向けられ、まともに仕事をしている設計者に対する影響は少なくありません。それをしっかりと受け止めて、早期のうちに誤解を解き、信頼回復に努めるべきではないでしょうか。業界を挙げて全力を尽くすことが要請されます。信用が資本の世界に活きる立場を考えれば、二度とこのような事件があってはなりません。

2-2　社会的波紋

消費者であるマンション購入者個人の悲劇は、同情に余りあります。マンションに入居していた居住者の夢が突然打ち消されたのです。恐らくは何がなんだか一向に分らない状況だったでしょう。購入者で建物の骨格に不信感をもっていた人は誰一人いなかったと思います。一生かかる借金を負いながらも、楽しい家庭を築きだした方々も多くおられたことでしょう。住宅ローンの貸付を行った金融機関は、ほとんど事件に関係ないような顔をしていたように見えました。消費者である入居者が一番気の毒な立場だといえましょう。住宅は、個人が生活するための基本的な必要条件です。専門的な判断力を持ち合わせない入居者に残金の返済義務を負わせることには無理があります。個人でなく企業的力量をもって事件の後始末に協力しなければならないと指摘されています。いうまでもなく、事件の原因者が、全面的に保証する責任を負うことは当たり前です。しかし、時間はどんどん過ぎ去り、待ってはくれません。入居していた個人の生活に大きく影響しています。早期の内に手当てすることが肝要です。

2-3　建築業界は不信感を払拭するのに一苦労

耐震強度偽装事件は、被告に懲役5年罰金180万円の実刑判決を下しました。判決文のなかで、裁判長は、「自己の利益を図るために職責に背いただけでなく、建築士や建築業界全体の技能、職業倫理に対する国民の信頼をかつてないほど低下させた」と述べました。マンション購入者は、これから何年間もあるいは生涯にわたってそこに住み、ローンを返済するという人生設計が、一挙に崩れてしまったわけです。強度が基準の下限値にも満たない構造体の建物を買わされた消費者の激しい処罰感情を見過すことはできません。このようなことが一級建築士の手で意図的に行われ、国民全体に与えた影響は計り知れません。この事件は、日本の建築業界史上最大級の不祥事の一つと位置づけられます。苦労の耐えない、決して楽ではない職業の立場からすれば、いい迷惑といいたいところでしょう。二度と起こしてはならない事柄です。この経験を踏まえて、現在国交省指導のもと、業界が協力体制で、建築士法をはじめとする関係事項についてその改善を図り、実施されようとしているところです。

2-4　建築士法は時代的変化に鈍感

建築士法の始まりは1950年です。既に、制度疲労を起しつつあったとも考えられます。今日まで、その都度必要に応じて改定はしてきたものの、刻々と変化する建築生産方式についていけなかったのではないでしょうか。制度が確立された時代に比べ複雑化、高度化、専門化された現代では一人の一級建築士が全てをつかさどる事など不可能となっています。したがって、構造や設備に関してはそれぞれの分野で責任ある活動を行っている事があたりまえの状態で建築生産が進められているのが現状です。昨今はさらに細分化された発注によって、また、売らんがための商業主義に翻弄されて立場を見失った建築士がいても当然の成り行きです。

建築士自身が、いわゆる“灯台下暗し”のような状態に陥っていたのかもしれません。資格を一度取得すれば、生涯通用する制度でしたから。近年、それではいけないということで、CPD研修制度を団体自らが作り上げ、各団体において研修を積むよう会員に呼びかけてはいます。しかし、強制力はなく個人の判断にまかせっきりでした。

何が不備だったのか根本的な検討が望まれます。業界としての一体的な指導性や資格者個人としての責任感に乏しかったと、世間からいわれそうです。個人さえしっかりと責任をもってやっていけばよかった時代は、終わりました。個人の判断による仕事の進め方は、これからは通用しなくなるでしょう。帰属意識をもって、所属団体と日頃からの密接な情報交換が行え、個人はもちろん団体として正しい行動が取れる業界が求められています。迅速性、経済性、デザイン性などが頻繁に展開されている今日、その職業に実際に携わっている建築士においては、時代の変化に敏感に対応して、顧客（消費者）に対する裏切り行為がないような活動ができるよう、緊急の課題として注目されているところです。

2-5　コンピュータ仕掛けと手続きの落とし穴

構造計算書作成のソフトシステムとして「建設大臣認定プログラム」がありますが、そのプログラムの扱い方に注意が必要だということに気づきました。今回の事件でそれが発覚したわけですが、なぜそれを見抜けなかったのか不思議です。通常業務のなかでまじめに仕事をこなしていれば、当然発見できたはずです。今後ともコンピュータによる計算書の提出がなくなることは考えられません。しかし、今回の事件のように計算書の中身を意図的に改ざんするようなことが発生しないよう、確認審査機関はしっかりと審査して間違いを起こさないようにしてほしいものです。何よりも大事なのは、設計者本人が邪念をもたず、責任をもって仕事に取り組むことです。コンピュータでの計算書が整えばそれで良しとする、性善説に似たような判定は、これからは通用しないと考えるべきです。技術的能力はあっても仕事の進め方が間違っていたのでは、何のための規則か分らないということになります。いまや専門家の人間としての判定能力が問われる時代にきています。高さ20m以上の鉄筋コンクリート構造建築物などについては、「指定構造計算適合性判定機関」（構造判定機関）による構造計算のピアチェック（第三者チェック）が義務づけられる方向に基準づくりが進んでいます。

第3章

施行に向けての動き

Question 63

法律の施行は２年以内と聞きますが、施行に向けた作業状況は？

answer 63

公布の日から起算して２年を超えない範囲内において政令で定める日から施行するようになっていますが、現在施行細則や省令の制度化のため審議会を設置することにしています。そのため所管の国土交通省は、制度化のための施行令や省令を策定するため検討に着手することを 2007 年１月末に公表しました。担当課長の交代もあり、新課長のもとで作業が進められることになります。

改正法に盛り込まれている建築士の受験資格要件や、設計報酬基準の見直しについて検討するため、近く関係団体や有識者などで構成する審議会を設置して、本格的な内容検討に着手することが明らかになりました。約２年間をかけて幅広く意見を聞きながらコンセンサスを得る議論をするとのことです。そのため論点の整理を急いでいます。

改正要綱　この法律は、一部の規定を除き、公布の日から起算して２年を超えない範囲内において政令で定める日から施行するものとすること。（附則第一条関係）

Question 64

法律施行には所要の経過措置などを定めるとありますが、どの程度ですか。一定の周知期間を経てから具体的に実施されるものと思われるのですが。

Answer 64

一定の周知期間を経て具体的に実施されるものと思われます。既定の法律では、施行の日から起算して6カ月以内に国土交通省で定める事項を公告しなければならないようになっています。

改正要綱　所要の経過措置等を定めるものとすること。（附則第二条から第八条まで関係）

Question 65

建設業法に関係する法律はどこまでおよびますか。

Answer 65

建設業法は、建築士法改正に伴って一部改正があります。また、建築基準法との関係もかなりありますので、この際、一通り照合してみる必要があります。その他、宅地建物取引業法にも関係があります。例えば、瑕疵担保責任の履行に関する説明などには、建築士と建設業者の協力が必要です。

改正要綱　関係法律について所要の改正を行うものとすること。（附則第九条から第十三条まで関係）（資料②）

第4章

改正建築士法の施行に向けての課題

―― 08年12月までに施行 ――

2006年12月13日に成立した改正建築士法も実施に向けて、これから2年以内に施行細則や省令を決めることになっています。改正に伴う法律の細かな実施のための事柄を決めるわけで、所管の国土交通省や建築士などの関係団体や設備関係の要望、考え方を探ります。

Ⅰ　関係団体の意見

Question 66

こんどの改正に各団体とも、ある程度の理解を示しているようですが、要望はどのようなものですか。

Answer 66

改正法に主張した意見が採り入れられ、ある程度理解している団体もありますが、その意見はさまざまです。これから検討される施行令や細則に反映されることも多いので、各団体の意見を紹介することにします。

——専攻建築士と両輪で普及へ——

✤日本建築士会連合会

改正法に会員が大きく関係するため、要望書を数回にわたり国交省に提出し、反映させることに懸命でした。日本建築学会、日本建築士事務所協会連合会、建築業協会、日本建築家協会とともに5団体による会長会議を開いて意見調整を行い、建築士会の独自案として要望書を提出しました。同会は建築士の枠組みのなかで「一定の建築物」に限る構造と設備の専門技術者を認定したこと、建築士の受験資格などをより実質評価したことを、新年メッセージで会員に表明しています。しかし課題としては、建築士全体の継続能力教育の徹底や建築士試験の受験要件の整備、団体加入の義務化などについて、今後も国に対し強く要望していく必要があるとしています。

そして同会が03年度から取り組んでいる「専攻建築士」は、改正建築士の法的制度と両輪をなす社会的制度だと自ら評価、さらなる普及を図ることにしています。消費者保護の視点から、高度化・多様化する社会ニーズにこたえるため、専門分化した建築士の専攻領域と専門分野を表示することで建築士の責任を明確にすることが必要としています。

この建築士資格制度は、①まちづくり、②設計、③構造、④環境設備、⑤生産、⑥棟梁、⑦法令、⑧教育研究—の８専攻領域で構成。「設計」は建物の設計、構造や設備など全体を統括。「構造」は建物強度の計算や耐震診断設計の専門家とし、多様な専門家の位置づけを明確にすることで、消費者から見て分かりやすく、建築全体への社会の理解および建築士への信頼を高めることになるとしています。

専攻建築士になるための要件として「CPD（継続能力開発）を実施する」「建築士資格取得後、専攻領域の実務経歴年数が規定以上ある」「当該領域の責任ある立場での実務経験が３年以上ある」の３項目を設定、一定以上の資質・能力の保持が取得の前提です。資格を取得しても５年ごとの登録更新制度があり、CPDの履修証明と専攻領域の実務経験確認を必要としています。

——47 都道府県会の一致協力を——

✤日本建築士事務所協会連合会

改正法案が検討されているなかでの活動も活発でした。連合会が設立以来推進してきた設計監理業法定運動のなかで主張してきた建築士事務所の業務適正化を実現するチャンスと捉え、数回にわたり提言しました。今回の改正で建築設計の業務的な側面が充実したと評価しています。そして「当団体の役割は一層大きくなった」とし、47 都道府県にある各単位会が一致協力することが重要だとしています。これにより業務基盤の整備と建築士事務所協会の活動基盤の強化が大きく前進するとみています。また改正では、管理建築士の要件の強化や建築士事務所に所属する建築士に対する定期講習受講が義務化されることに加え、建築士事務所協会が建築主からの苦情解決や研修の実施などの業務を行う団体として法定化され、団体への加入促進と自律的な監督機能の強化のための措置が講じられたとしています。そしてすべての建築士事務所が建築士事務所協会に加入することによって、団体による自律的指導監督と自浄作用を機能させ、設計・監理業に対する社会的信頼の醸成と、結果としての建築士事務所の社会的向上を目標に掲げています。

今後の具体的な対策として、▽名称統一や定款変更、▽建築士事務所登録の事務を扱う指定事務所登録機関の指定取得、▽管理建築士や建築士事務所に属する建築士に対する法定講習義務化に伴う講習実施機関への登録、▽新制度による公益社団法人化—などを挙げています。

名称統一では今後すべての単位会が「建築士事務所協会」に改め、会員資格の適正化や加入条件、業務目的なども08年6月までに見直す予定としています。

——適切な報酬確保が重要——
✜日本建築構造技術者協会（JSCA）

長年にわたり求めてきた構造設計の国家資格が「構造設計一級建築士」という新しい制度で、09年度から創設されることになり「大いに評価できる」としています。しかし耐震偽装事件の原因の一つに、構造設計者の匿名性があり、建築士の職能が分化している現在では、良好な建築生産システムを形成するためには十分な議論が必要とし、合理的な運用のための視点として、次のような意見書を昨年12月に提出しました。

①建築基準法第二十条に安全性の定義があるが、建築士法では構造設計および構造設計者の記述がなく、「国民の生命と財産の保護」を、この専門資格のない構造

設計者に委ねることは、建築生産システムの重大な欠点だとしています。

②資格審査では、資格取得後５年間の構造設計実務経験を経た後、講習会を受講して取得するとなっていますが、職責の重要性に鑑み、実務経験は年数だけで判断できるものでなく、業務内容も合わせて確認する仕組みを要望します。

③専門資格を創設するだけでなく、適切な報酬確保の環境を整えることが必要で、実務者の意見を反映させ、業務内容の実態に即した建築士報酬規定の見直しを要望するとともに、作業量提示が必要と考えます。

④そして将来のあるべき制度像として、今回の資格制度改正は業務実態により即したものになることは評価できます。しかし、信頼でき効率のよい建築生産システムを確立するためには、資格制度の確立と建築審査制度の連携が望まれます。近く構造計算適合性判定制度が始まり、業務量に対して判定員の不足も危惧されます。当面は効率の悪い審査が行われることも考えられますが、将来的に構造一級建築士資格制度が定着した際には、構造計算適合性判定業務が効率化されることを要望します。

——健全な設計・生産システムへ——

✥日本建築学会

学術的立場から耐震強度偽装事件の再発防止に取り組み、06年３月には要望書を国土交通大臣に提出しています。国の諮問機関として設置された社会資本整備審議会建築分科会会長でもある村上周三氏が学会の会長を務めるということもあり、「健全な設計・生産システム構築のための特別調査委員会」（村上周三委員長）を立ち上げ、幅広い建築家26名の委員で議論し、９月には提言としてまとめました。

提言では、建築の安全性は本来建築に関わる関係者の高い見識と真摯な努力によって担保されるべきで、確認制度の厳格化など法令を強化することでは必ずしも安全性の担保につながらない、安全性の担保には、まず「品質確保の自助努力」が健全に機能し、これを補完する形で「法令規制」が機能することが必要である、とし、①設計・生産システムを自ら改善していく仕組みづくり、②法令による規制の実行化、③保険制度等による被害者救済制度の整備など、詳細な提言となっています。

――統括建築士の資格認定が必要――

✤日本建築家協会

改正建築士法の成立を受けて、昨年12月20日には「統活建築士の資格認定」「設計者の独立性確保」などを柱とした、今後の取り組み方を明らかにしました。今後2年間で取り組む重点課題として、改正では統括する建築設計者の立場が不明確で、建築設計者の独立性を確保できる内容になっていない、今後これらの問題を解決するためには、建築確認申請時に設計契約書の添付を義務化することや、統括的な立場の建築設計者として同会認定の登録建築家を位置づけていく必要性がある、としています。また、継続能力開発（CPD）の推進や建築士法に基づく講習の実施機関として「NPO建築教育開発機構」（仮称）の設立なども検討することにしています。

改正建築士法では、建築士試験の受験資格の厳格化が挙げられているので、建築家資格制度推進会議（佐野吉彦委員長）を設置して、建築士の資格と大学教育の在り方を検討することにしています。

――元請け検討会で未然防止――

✣ 建築業協会（BCS）

素案に対して工事監理業務の明確化などを要請しました。一定規模以上の建築士事務所は、管理建築士が工事管理者を専任した上で、工事管理者による依頼主の説明を義務化する仕組みを取り入れ、現実性を担保する必要があるとしました。建築士制度の導入では「新資格」と「現行の建築士」の業務範囲の明確化が必要だとしています。また、偽装問題に対する施工側の対応として「工事着手前図書検討ガイドライン」も策定しています。このガイドラインを基に施工準備段階で、設計図書を効率的に検討する検討会を施工企業が開き、仕様確認と施工上の留意点を明確にすることで、耐震強度や設計上の不具合などを未然に防ぐことにしています。

——建築設備士の活用を求める——

✣ 建築設備６団体
(空気調和・衛生工学会、
電気設備学会、日本設備設計事務所協会、
建築設備技術者協会、
日本空調衛生工事業協会、
日本電設工業協会)

改正建築法に一級建築設備士の創設が決り、各団体の受け止め方もさまざまです。専門領域の資格が認められたと一定程度の評価をしているものの、十分な議論がされずに制度化された、という不満が聞こえてきます。改正案を議論した国交省の諮問機関の社会資本整備審議会基本制度部会に設備関係の委員が選ばれていなかったという不満が業界にあることも事実です。多くの建築設備事務所は従来の建築設備士資格を中心に運営してきたため、温度差はあれ事務所経営が難しくなるとみるのが大方の意見です。一級建築士の中に一級設備建築士が位置づけられており、この新資格と従来の建築設備士との関係が整理されていないことに戸惑いがあります。建築設備士の活用は衆参議院の付帯決議でも盛り込まれており、新資格が無駄な資格にならないよう望む声も少なくありません。詳細な議論はこれからですが、業界挙げて議論をし、国会への陳情も行うことにしています。設備業界6団体は昨年9月29日に改正に対する意見書を提出しました。

意見書（要点）は次のようなものです。

建築設備士の活用

①建築設備設計・工事監理業務で重要な資格として運用されている建築設備士の20年間の実績を評価のうえ、大規模建築物だけでなく、省エネルギー計画書の作成が必要な建築物・不特定多数の人が利用する特殊建築物等に関する建築士に対するアドバイザー業務について、建築発注者や確認申請機関に対して、東京都や大阪府の一部の行政機関が行っている運用にならって、すべての都道府県で建築設備士の有効活用を図るよう国土交通省から通達をお願いする。

②これまで建築士を擁する設備設計事務所が委託を受けて適法に行っていた設備設計・工事監理に係わる業務を従来通り行うことが出来ること。また、特定設備建築士が関与することが必要な建築物に係わる設備設計・工事監理業を、特定設備管理士が在籍しない建築士を擁する設備設計事務所が、行政より認定され、第三者機関（建築設備関連の職能団体等）に登録された特定設備建築士による法適合性証明を得て行うこ

とが出来るよう通達してほしい。

既建築設備士の特定設備建築士への認定

既建築設備士のうち一定期間の実務経験を有し、一定の条件（指定講習の受講と修了考査など）を満たす者に、特定設備士を認定するよう要望する。この要望は次の混乱を避けるため当面の間の対策です。一級建築士のうち建築設備士資格を持つ者は3,000人程度と想定され、そして講習と実務経験審査を行うと、特定設備建築士の認定人員はさらに少なくなり、一定規模基準を5,000㎡としたとしても、全国での資格者数と業務量にアンバランスが生じ、設計･工事監理業務が滞ることが想定される。

特定設備建築士の認定条件

特定設備建築士に認定される基準は、建築設備士の資格をもつ者、または同等の技術レベルをもつ者を目途とし、講習の受講と実務経験（資格取得後5年以上）の確認を受けた者としてほしい。

新一級建築士の受験資格と試験方法

①建築設備士の有資格者は、資格取得後の実務経験なしで、新一級務建築士の受験資格者としてほしい。

②新一級建築士の受験資格条件を、機械系・電気系学科出身の技術者も実務経験を勘案し直接受験できるよう、受験資格の幅を広げることをお願いしたい。

既CPD制度の活用

建築関連職能団体で行っているCPD制度（研修と実務評価）を活用し、建築士および建築設備士の技術レベルをアップさせ、併せて5年ごとの指定講習の義務付けをお願いする。

再度「建築設備士活用で要望」（2月15日）

建築設備6団体協議会は2月15日、国土交通大臣宛に「建築士の更なる活用と設備設計一級建築士制度構築に向けての要望書」を再度提出しました。
▽一級建築士試験における建築設備士の受験資格では、建築設備士資格取得後、実務経験2年以上の者に一級建築士の受験資格を付与することや実態を踏まえた確認申請書のあり方、審議会・委員会に設備系委員の参加など5点を求めました。

あとがき

今まで建築士法に関するまとまった資料が特に見当たらなかったのは、関係者の認識が足りなかったといわざるをえません。今回の建築士法等の改正に伴い、これを契機にぜひ建築士法を主体にしたものがあるべきだと考え、本書を編纂した次第です。建築士をはじめ、多くの方々には、一度ぜひこの士法を解読してもらいたいと思います。建築士の立場を広く社会に理解してもらうためには、資格制度の基本ルールを常に心掛けながら業務に取り組むことが望まれます。これから建築士を志す学生や若手の建築士が、技術者としてマスターしなければならない基礎的な事項が、この新しい建築士法等に含まれています。建築士の仕事を理解し、安全で快適な建築を創る人たちが、バイブルとして座右に備えることは必須です。建築士法を把握して行動することは、社会の信頼を確保するための最も重要で基本的な条件となるでしょう。

構造計算偽装事件がきっかけで、このように社会から信頼を欠くようなことになったのは、甚だ残念ですが、起ってしまったことはしかたありません。しかし、二度と起こしてはならない問題です。それには建築士法が、業務を進める上での一つの判断基準になります。建築士が技術、デザイン、コストなどに関して日頃からノウハウを精一杯発揮していることはよく理解していますが、社会的に重要な職能者としての確たる位置づけを堅持するためには、建築士の立場を常に自覚して活躍することが肝要です。そのための糧になるものとして本書を選んでいただくことを期待します。

本書は、改正された建築士法等の主要な部分を対象に解説したものです。法改正途上にしての発刊になりましたが、情報提供はできるだけ早く行うべきだとの考えから、ここに刊行することになりました。今後とも充実を図るための努力は惜しみません。内容の至らないところは、今後の課題として対処しますのでご容赦いただければ幸甚です。

2007年3月
建築士法研究会
阿部　寧

改正建築士法 Q&A

――ポイントと対応――

2007年　4月　10日　　第1版第1刷 発行

編　者　　建築士法研究会

発行者　　高　橋　　考
発行所　　三　和　書　籍
〒112-0013　東京都文京区音羽2-2-2
TEL 03-5395-4630　FAX 03-5395-4632
sanwa@sanwa-co.com
http://www.sanwa-co.com/
印刷／製本　　新灯印刷株式会社

乱丁、落丁本はお取り替えいたします。価格はカバーに表示してあります。 ISBN978-4-86251-016-7 C3052